LES

EXAGÉRATIONS EN POLITIQUE

LES

EXAGÉRATIONS

EN POLITIQUE

LA COMMUNE ET LA LÉGITIMITÉ

PARIS

E. DENTU, LIBRAIRE-ÉDITEUR,
PALAIS-ROYAL, 17-19, GALERIE D'ORLÉANS

1872

LES

EXAGÉRATIONS EN POLITIQUE

———————

« *Vœ victis,* » tel fut le cri de victoire des temps
passés.

Quoique notre civilisation se flatte d'avoir rem-
placé par la science et la raison les grossières passions d'autrefois, quand, à notre animosité naturelle,
viennent se joindre des excitations de parti, des anta-
gonismes politiques, d'ignorants préjugés, de pitoya-
bles peurs, ou encore des instincts de vengeance nés
d'une résistance sanglante dont on a péniblement
triomphé, aujourd'hui, tout comme autrefois, c'est
encore « *malheur aux vaincus !* »

Maintenant que la Commune est misérablement
tombée, anéantie, ensevelie dans des flots de sang et
sous des décombres fumants, il n'est qu'un cri contre
cette révolution qui s'est vautrée dans la boue de la
plus vile anarchie, mais il n'est plus aussi qu'une

seule imprécation de haine et de vengeance pour maudire tout ce qui, de près ou de loin, a touché à cette épouvantable démagogie.

Dans l'opinion publique, qui s'égare après chaque jugement légèrement formé sur un homme ou sur une chose; dans les masses timides, toujours prêtes à s'effrayer et à se rallier à ceux qui leur garantissent le mieux leur inerte tranquillité; dans les campagnes ignorantes, où le drapeau rouge produit toujours l'effet d'un spectre; dans cette immense majorité, sans cesse disposée à baser son appréciation sur celle du voisin, qui place aujourd'hui sur un piédestal l'homme qu'elle renversera demain, qui traitera demain d'infâmes ceux qu'elle glorifiait hier, qui fait des renommées sans raison et des héros sans savoir pourquoi, partout enfin où la sottise, l'ignorance et l'entraînement ont quelque pouvoir et quelque action, un cri général, un *tolle* unanime s'est élevé contre la Commune, et l'on a flétri sous la dénomination de *Pétroleurs,* non-seulement les misérables qui ont commis les crimes atroces de Paris, mais encore tous ceux dont la faute fut de poursuivre dans la Commune. la réalisation d'un rêve politique. Rêve moins absurde pourtant, beaucoup moins affreux, à coup sûr, qu'une foule de gens voudraient bien le faire croire.

Utopie, eu égard aux circonstances présentes, ou réalité probable, cette idée de gouvernement n'est pas plus extravagante de nos jours que ne le purent paraître, en leur temps, les prétentions des premiers émancipateurs de 89; et, du reste, considérée à un point de vue purement rationnel, la proclamation de la Commune ne fut pas plus une révolte politique que ne le furent tous les coups d'État précédents, voire même celui du 4 Septembre.

En dehors des difficultés pratiques, conséquences de l'ignorance politique de notre pays, et de notre caractère si spécial par son facile entraînement et sa profonde impressionnabilité, difficultés qui paraissent en rendre aujourd'hui l'établissement impossible, la Commune ne doit être considérée que comme un mode du système républicain.

C'est une décentralisation de tous les pouvoirs, un *self-government* dans la véritable acception du mot ce ne doit pas être une désorganisation, un morcellement de patrie, mais l'association intéressée, l'union intime de chaque division du pays, union durable et garantie par l'absence des raisons de discorde qui résultent de lois communes régissant des intérêts divers.

Nous devons donc bien nous garder de confondre la Commune elle-même, ses principes et son origine avec la Commune, plus tard entraînée, fanatisée par la lutte, et, enfin, débordée et souillée par une poignée de malfaiteurs indignes, même par l'expiation de leurs crimes, d'attacher leur nom à une tentative de Révolution sociale. Assassins, voleurs, ambitieux vulgaires, natures corrompues et pourries, ignobles rebuts de toutes les classes, que chaque trouble fait sortir des égouts de la société, des bas-fonds de l'humanité, et qui profitent de ces luttes terribles pour venir, au grand jour, et dans le chaos de la mêlée sanglante, se venger sur l'humanité des flétrissures qu'ils en ont reçues, voler tout ce qu'ils n'ont pas eu le courage d'acquérir par le travail et détruire tout ce qu'ils ne peuvent prendre.

Pas de pitié pour ces monstres qu'une philanthropie, peut-être mal comprise, empêche de faire disparaître avant qu'ils n'aient trouvé l'occasion de multiplier leurs horribles atteintes à la société; mais pas de haine aveugle contre ceux dont la seule faute fut de poursuivre l'accomplissement de leurs idées politiques.

Je ne prétends pas me poser en défenseur de la Commune, encore moins juger les hommes divers qui l'ont enseignée, suscitée, proclamée ou flétrie; j'ose seulement ne pas me laisser entraîner par l'opinion de tout le monde et chercher plutôt quels enseignements nous devons tirer de cette crise, la plus terrible encore qu'ait éprouvée notre malheureux pays.

Cette catastrophe sociale a, du reste, le sort fatal de toutes celles qui l'ont précédée ; elle traîne à sa suite une implacable réaction, qui préconise le retour de l'inertie à un peuple fatigué de tant de luttes et qui a, plus que jamais, soif de repos. Délivrés des excès d'un parti, il est peut-être sage d'arrêter l'autre sur la pente si glissante des excès contraires ; enfin, il est peut-être audacieux mais charitable ; quand tout le monde crie « *Vengeance!* » de risquer le mot « *Pardon;* » à ce titre seul, j'essayerai de faire voir dans certains hommes de la Commune des victimes de l'entraînement produit par les exagérations et les passions politiques.

Remontons à l'origine de la Commune, à cette époque où la France elle-même, vaincue, découragée, mutilée, chancelait prête à tomber, regardant partout autour d'elle, implorant un appui, appelant un secours. Quel honteux spectacle offert au monde entier, que cette curée de tous les partis s'acharnant sur les restes du pays expirant, au lieu de lui tendre généreusement la main pour le relever.

Pauvre France, chère patrie, que de crimes commis en ton nom! Que de hontes cachées sous ton égide! Que de turpitudes accomplies sous ton invocation! Patriotisme, Liberté, mots sublimes qui engendrèrent tant d'héroïsmes, suscitèrent tant de dévouements, mais qui, si souvent, hélas! servirent de manteaux à d'ignominieuses, à d'infimes ambitions!

Ce fut donc en invoquant le salut de la France, en proclamant l'avènement de libertés nouvelles, la promesse d'une solide reconstitution sociale que toutes les ambitions de parti se livrèrent une lutte acharnée.

La légitimité, mettant à profit la parfaite désorganisation du pays, la terreur issue de toutes les désolations de la guerre, la crainte d'une résistance plus prolongée, fut ardente au combat; elle obtint une incontestable majorité numérique.

Au point de vue du respect de nos institutions politiques, nous n'avions qu'à nous incliner devant cette manifestation du pays. Nous ne devions voir dans le résultat des élections que l'expression impartiale de la majorité de la nation. Mais ne devons-nous donc comprendre de la loi que la lettre, du devoir que l'accomplissement des lois, et du bien que le maintien des choses établies? Non, peut-être, car s'il en était ainsi, quelles sérieuses raisons pourrions-nous donner pour avoir chassé l'Empire et tant d'autres monarchies qui, toutes, faisaient le bonheur des inertes partisans de l'ordre.

Il est donc permis d'examiner les choses de plus haut, d'une façon plus philosophique et plus morale, et il devient dès lors évident que ceux qui avaient obtenu la majorité numérique, étaient loin d'avoir la majorité intelligente du pays.

Le parti monarchique, dans d'excellentes conditions de facile influence, n'avait dû ce vote en sa faveur qu'à un immense entraînement des campagnes ignorantes, avides et craintives. L'Assemblée nationale, qui n'avait d'autre mandat que celui d'asseoir les bases de la paix, mais qui s'est, après la *Défense nationale,* approprié le soin de nous gouverner elle-même, ne tendait à rien moins, dans le plus grand nombre de ses membres, qu'à nous ramener à un régime monarchique.

Il fallait une opposition sérieuse à ces tendances à revenir en arrière. Convenons-en avec une loyale sincérité, si les actes commis plus tard par la Commune méritent notre réprobation, elle n'en peut pas moins être considérée, à son début, comme une résistance opiniâtre faite à des projets réactionnaires, et qui sait ce que nous serions devenus sans cette menace jetée par les exaltés de la démocratie à la face des monarchistes?

Or, la monarchie répond-elle bien à toutes les aspirations actuelles de la société, à tous les besoins du pays? Convient-elle à notre degré d'éducation politique? Convient-elle surtout à cette régénération, si universellement invoquée, que la France doit puiser dans une vie nouvelle, plus mâle, plus généreuse et plus morale? — Il nous est permis d'en douter.

Nous avons, pendant assez longtemps, vécu d'une existence pleine de futilités, dans une insouciance puérile qui a fini par énerver nos cœurs. Le moment est venu de laisser toutes nos vaines présomptions, d'abandonner nos dissensions oiseuses; il nous faut rejeter bien loin tous les philosophismes de fantaisie dont nous nous sommes fait des principes, et nous débarrasser de tout ce cortége de futilités banales qui ne sauraient avoir d'autres conséquences que d'abâtardir nos intelligences et d'efféminer nos caractères; rêveries pernicieuses qui trompent le jugement, illusionnent les consciences, flattent les passions, et qui, loin d'élever les hommes, finissent par annihiler les individus.

Nous avons, pendant un demi-siècle, oublié que nous étions les fils de ceux qui firent la première révolution, en soutinrent les principes, et promenèrent dans toute l'Europe le drapeau de l'émancipation des peuples; nous n'avons pas assez songé que nous étions les héritiers des gloires amassées pendant dix siècles par tous nos aïeux, que nous étions enfin les petits-fils des Gaulois de Vercingétorix. Ou plutôt, nous nous sommes reposés sur cet amas de vieilles gloires et de grandeur séculaire, imitant, en cela, les enfants de familles puissantes qui n'ont d'autre souci que celui de dépenser l'héritage paternel.

L'expiation de notre indolence a été cruelle; mais puisque nous sommes tombés, il ne nous reste plus qu'à nous relever, d'autant plus fiers que nous sommes tombés plus bas; il nous faut redevenir forts et courageux comme ceux qui nous firent grands et reprendre vite notre rang à la tête des nations, la seule place qui convienne aux enfants de la vieille France.

Mais il nous faut, pour cela, retremper nos cœurs dans une austérité de sentiments et de principes qui nous rende notre vitalité naturelle, notre force primitive, notre énergie normale. Il nous faut réchauffer nos cœurs au feu d'un patriotisme ardent, pour que cette épouvantable guerre et tous les maux qu'elle a amenés avec elle, soient pour nous le baptême de sang qui nous initie aux bienfaits d'une vie nouvelle.

Il ne nous suffit plus maintenant de céder à de vulgaires instincts de parti, de nous arrêter à des opinions préconçues, à des idées établies d'avance, et d'échafauder sur des théories plus ou moins sérieuses des projets irréalisables de constitution politique et sociale; mais il faut nous livrer à une recherche approfondie d'un système d'organisation se rapportant le plus à la justice, à la morale, à la dignité humaine, et aussi le plus apte à répondre à tous les besoins du présent et à toutes les aspirations de l'avenir.

Le gouvernement monarchique peut-il donner satisfaction à ces désirs? Non, sans doute, et c'est surtout à cause de cette barrière, opposée par elle à tous les empiétements de la monarchie, que la Commune réclame notre modération.

Discernons donc le bien du mal et sachons le trouver de quelque côté qu'il soit; pesons avec la même balance les agissements de la légitimité et ceux de la démocratie, et jugeons avec la même impartialité les prétentions, les droits et les exagérations de chaque parti, en menant de parallèle, dans le vaste orbite où gravitent toutes les idées politiques ou sociales, les efforts de ces deux opinions extrêmes.

A une époque encore peu éloignée de nous, alors que dix siècles de préjugés et d'abus nous tenaient opprimés sous les lois d'un dur servage, la conquête de la liberté était la limite des prétentions du peuple.

S'affranchir de l'humiliante domination des grands, se libérer de toutes les charges pesantes qui, sous forme d'impôts et de vexations de toutes sortes, changeaient en or pour les puissants les labeurs du peuple, faire d'une classe de parias l'égale dans le pays d'une race de nobles ou de privilégiés, en un mot, renverser, de fond en comble, l'œuvre entier du moyen âge, et cela au détriment complet d'une minorité toute-puissante et naturellement trop intéressée au résultat pour ne pas résister de toutes ses forces et par tous les moyens possibles.

Tel était le programme que s'étaient imposé les philosophes des deux derniers siècles ; rêveurs d'alors, car ils ne faisaient que prédire l'histoire et révéler des besoins de réforme que le peuple ressentait, mais n'osait encore formuler. Et la lutte ne devait-elle pas leur paraître terrible, quand on songe qu'en réponse à l'expression respectueuse de quelques souhaits, qu'à la demande de timides réformes, la noblesse hochait superbement la tête, traitant dédaigneusement d'insolence, toute idée de rapprochement entre sa classe et celle du peuple qu'elle comparaît à des valets.

La lutte, en effet, fut longue, gigantesque, mais obstinée.

Jugées d'abord avec dédain d'une part, avec indifférence de l'autre, les idées d'émancipation n'en suivirent pas moins leur cours, sans se soucier du mépris des grands qu'elles voulaient renverser, et s'attirant, au contraire, l'unanime acquiescement du peuple qu'elles voulaient élever. Puis, quand le temps eut accompli son œuvre de persuasion, la révolution, qui se préparait depuis si longtemps, jeta le gant, lança ses premiers défis ; alors se réveilla enfin l'attention de ses antagonistes, mais leurs résistances n'eurent plus d'autre résultat que d'enhardir son audace, et quand ils parlèrent de capituler, elle ne voulut plus rien entendre et culbuta impitoyablement tout ce qui s'était opposé à sa marche fatale.

Mais l'idée régénératrice de l'humanité poursuit irrésistiblement sa tâche ; la raison va toujours son droit chemin, quelquefois retardée, jamais arrêtée, semblable à un conquérant intrépide qui écoute moins sa prudence que son courage, elle ne prend même pas la peine d'assurer, derrière elle, ses victoires. A peine la liberté acquise, elle poursuit déjà d'autres conquêtes, livre d'autres combats, toujours en quête de nouvelles victoires sur les doctrines passées.

Que lui importe qu'on viole encore après elle les principes qu'elle a consacrés ; elle laisse au temps, ce suprême fondateur, le soin de consolider ce qu'elle n'a fait qu'élever à grand'peine, et poursuit sans cesse et sans relâche, sa marche triomphante.

La liberté ne fut que la première étape de cette campagne dans la conquête des droits de l'homme.

En vérité, ceux qui écrivirent sur leur drapeau cette belle maxime : « *Liberté, Égalité, Fraternité,* » devise peut-être trop souvent prostituée depuis, furent de grands sages et de grands philosophes, car ils résumèrent en trois mots la conquête future de la raison sur l'égoïsme et les passions humaines.

Eh bien ! nous sommes maintenant dans une autre période de travail et d'efforts; et, comme de nos jours les idées vont vite, la société éprouve déjà ces terribles convulsions qui pronostiquent l'élaboration d'une vie nouvelle. Plus le terme de l'enfantement approche, plus sont formidables les crises, plus fortes les secousses qui en précèdent l'avènement.

Il faudrait être aveugle pour ne pas voir dans toutes ces idées en ébullition, dans ces tentatives réitérées de combat, les premiers signes de manifestation d'une révolution voulant remplacer par une autre société, la nôtre encore, si incomplétement organisée.

Cette révolution qui se prépare, dégagée des exagérations qui peuvent en défigurer la véritable nature, c'est le rapprochement de tous les intérêts; le nivellement de toutes les classes d'hommes et de citoyens; la négation de toute espèce d'aristocratie; l'Egalité, non dans les fortunes, ce qui ne saurait être, mais dans les moyens de les acquérir; non l'Egalité absolue, utopie ridicule qu'on se plaît à mettre sur le compte des socialistes, mais une égalité morale qui ne laisse qu'au mérite, au travail, à la bonne conduite, la faculté de classer diversement la fortune et tous les autres biens.

Ne nous faisons pas d'illusions, malgré tous les efforts qu'on pourra faire pour arrêter cette Révolution dans son œuvre de nivellement, malgré le mépris et le ridicule dont on s'efforcera d'en entourer les prétentions et les espérances, elle se relèvera sans cesse, et toujours plus forte, poursuivra sans relâche son chemin à travers tous ces obstacles, jusqu'au jour où, mûre pour le monde, elle livrera son dernier assaut et aura enfin accompli sa tâche.

Pour nous qui nous plaçons en spectateurs intéressés de ces grandes luttes de l'avenir contre le présent et contre le passé, de la République démocratique contre la monarchie de droit divin, du peuple contre l'aristocratie, nous devons raisonner nettement les faits et non les apprécier avec des préventions de parti et d'opinions ; parce que, parfois, la vérité peut nous paraître effrayante, devons-nous fermer les yeux pour ne pas la voir ?

Il ne suffit pas de regarder et de juger avec passion les événements accomplis, de leur inventer des causes, le plus souvent imaginaires, ou d'en tirer pour l'avenir des conclusions d'une probabilité douteuse, et cela, toujours sous des influences de parti pris, de présomption puérile ou dans l'intérêt de certaines idées arrêtées d'avance.

Il ne faut pas, non plus, voir tout blanc pour les uns

et tout noir pour les autres. Quand une fois les limites du calme ont été franchies, les lois de la modération dépassées, on ne saurait s'attendre qu'à des violences ; la provocation répond seule alors au défi, le soufflet à l'injure, un coup plus fort à un coup si terrible qu'il soit. Ainsi le veut la pauvre nature humaine qui n'est, après tout, qu'un amalgame de passions avec un tout petit peu de raison. Les responsabilités dans la lutte ne doivent donc pas être séparées, car les passions et les violences sont solidaires les unes des autres.

Jugeons tout avec la même impartialité, comme le veut notre conscience, sans nous tenir à de vulgaires spéculations d'idées, mais en nous plaçant à un point de vue plus élevé que ne le supposeraient les basses nécessités de notre infime nature ; dût même la conclusion de nos jugements être en désaccord avec nos sentiments, notre religion, nos espérances ou nos intérêts propres.

Où est le bien, où commence le mal ? Est-il juste d'appeler *ordre* l'état de tout notre système politique et social ? Est-il permis de croire à une organisation plus morale et plus parfaite, et est-il coupable de poursuivre la réalisation de cette croyance ?

Si la sagesse présidait, toute-puissante, à nos efforts vers le bien, si la justice commandait seule et toujours aux progrès successifs de nos destinées, leurs lois seraient bien en contradiction avec nos actes passés et toutes nos agitations présentes. Elles se résumeraient, tant pour notre perfection politique que pour notre amélioration sociale, à ces simples formules :

« Le problème à résoudre dans l'organisation politique d'un peuple ne consiste pas à lui donner le meilleur système de gouvernement possible, mais plutôt un gouvernement en rapport avec son passé, ses traditions politiques, ses mœurs et son caractère.

» Perfectionner progressivement le peuple par de nouvelles institutions et élever continuellement la constitution politique à la hauteur de son caractère et de son éducation.

» Apprendre au peuple à vivre libre, avant de lui donner une liberté absolue dont il ne saurait, sans cela, jouir avec sagesse; l'élever par le cœur, la science et la raison, avant de songer à lui donner une égalité dont il ne saurait tirer bon profit sans en comprendre les devoirs et en observer toutes les obligations.

» L'amener, de même, à une complète régénération morale, par une élévation progressive dans les idées, les sentiments et toutes les qualités de l'âme et de l'intelligence, avant de l'affranchir de toutes les lois politiques et religieuses, seules capables de maintenir une société autrement fondée que sur la sagesse et la vertu. »

Sans doute, telle aurait dû toujours être, et telle devrait être encore la marche progressive, lente comme le progrès lui-même de toutes nos améliorations.

Telle forme de gouvernement, en effet, excelle chez des peuples nouveaux, qui ne saurait convenir à de vieilles nations. Il n'est pas sage de vouloir greffer des théories républicaines trop avancées sur de vieilles sociétés monarchiques. C'est une impru-

dence, une folie même, de vouloir, d'un seul coup,
renverser tout l'édifice social, pour en fonder un
nouveau sur les bases vermoulues et avec les éléments pourris de l'ancien, mais il serait bien plus
sage de chercher à le consolider ou même à le renou-
veler, en en rebâtissant successivement toutes les
parties qui menacent ruine.

« Une maison neuve, fût-elle même construite avec
» tous les perfectionnements de l'art moderne, ne
» saurait convenir aussi bien qu'une vieille maison
» réparée, arrangée, augmentée selon les caprices et
» les nouveaux besoins de celui qui l'habite. »

Paroles célèbres, prononcées il y a quelque quatre-
vingt sans, au Parlement anglais, par un ministre
qui combattait alors les idées de notre première
révolution. Image parfaite des avantages d'un progrès lent, réfléchi, sur le brusque revirement de
toutes les traditions passées.

Comment un peuple pourrait-il se passer de monarque s'il ne sait se gouverner lui-même? Comment
des institutions basées sur la science et sur la vertu
sauraient-elles convenir à une nation ignorante ou
corrompue? Ne vaudrait-il pas mieux, enfin, con-
server notre vieille monarchie, la faire participer au
progrès des idées nouvelles, la perfectionner, au lieu
de substituer, d'un seul coup, un régime nouveau à
une constitution sociale consacrée par des siècles?

Certes, oui, toutes ces belles théories sont éclatantes
de vérité! Et, comme elles sont aussi les arguments
qu'emploient sans cesse les partisans du passé, dont
la légitimité est la personnification, contre ceux de

l'avenir, que représentent les républicains les plus avancés, on serait tout d'abord tenté de se rallier aux premiers. Mais, hélas! nous avons mis la *sagesse* et la *justice* comme hypothèses.

Or, mettez à la place de ces deux vertus, l'égoïsme et l'innombrable cortége des passions humaines, et toutes ces magnifiques théories, ces grandes idées deviendront des utopies sans valeur pratique et tomberont d'elles-mêmes.

Nous n'avons malheureusement pas à retourner beaucoup de feuillets de notre histoire pour être convaincus du néant des efforts de la monarchie en faveur des réformes libérales, quand nous y voyons, au contraire, sa résistance constante, opiniâtre, souvent même criminelle contre les prétentions et les efforts de la démocratie.

L'égoïsme, la conservation de priviléges, l'ambition, la démoralisation, telles furent toujours les passions qui servirent d'attaches et de garanties à l'inertie de ceux qui tinrent le pouvoir.

Sous quelle dynastie, à quelle époque la monarchie consentit-elle à entrer loyalement dans une voie de réformes libérales? Et, comment peut-on supposer qu'il en serait encore autrement?... Admettez le monarque avec toutes les qualités d'un profond philosophe, la libéralité, la prudence d'un sage, la bonté d'un père; imaginez-le comprenant bien le présent et prévoyant l'avenir, sentant l'urgence de réformes indispensables; supposez-le, même, plein d'intentions généreuses et de projets libéraux, que lui serait-il possible de faire, retenu, engagé dans les engrenages multiples d'une aristocratie intrigante, égoïste, ambitieuse, et dont tous les intérêts sont liés au maintien de tous les abus, à l'absence de tout changement, tiennent, enfin, à l'inertie absolue du souverain.

Chaque liberté concédée n'est-elle pas un coup porté à leur puissance, une entaille faite à leur pouvoir? Chaque suppression d'abus n'est-elle pas, en effet, une corne faite à leur part du gâteau royal, chaque droit octroyé au bon peuple un fleuron brisé à leur couronne? « *Plutôt mourir que céder,* » telle fut la maxime qui servit toujours de mot d'ordre à leurs efforts de résistance. Avec eux donc, point de tentatives de perfection, point d'éducation régénératrice, point de libertés plus grandes, point d'élévation progressive, toutes choses capables de rapprocher d'eux le peuple dont ils abusent, dont ils craignent le réveil de l'intelligence et dont la grandeur porterait ombrage à leur privilégié bien-être.

Il leur est bien facile, aujourd'hui que plusieurs révolutions ont sauté par-dessus leurs hésitations, de vanter des théories splendides dont ils se flattent d'être les réalisateurs; mais pourquoi donc ne firent-ils jamais rien qui puisse justifier leurs prétentions actuelles au progrès et à la modération? Et quelles raisons aurions-nous pour croire maintenant à toutes leurs belles promesses?

Battus jusqu'ici, peut-être accepteraient-ils, bon gré mal gré, la situation présente; fidèles à leurs instincts de conservation, peut-être maintiendraient-ils dans leur intégrité les faits accomplis; soit, mais feraient-ils un pas vers un progrès nouveau? Consentiraient-ils à d'autres réformes? Comprendraient-ils les besoins et les aspirations d'aujourd'hui? Ne feraient-ils pas tout, au contraire, pour résister encore à toutes les tendances vers cette égalité sociale dont l'avènement serait pour eux le signal d'une chute définitive?

Soyons assez prudents pour douter et croire qu'ils ne feraient encore que susciter des entraves à la société dans son travail de perfectionnement. La logique nous empêche d'espérer que des hommes puissent tout faire contre leurs intérêts et pour leur perte.

Le temps, hélas! n'est plus des abnégations absolues et des désintéressements sublimes; et qui ne fait la part de l'égoïsme, ce mobile ordinaire des actions des hommes, commet une grande naïveté, ou tout au moins, une sérieuse imprudence.

Un parti d'ailleurs représente une idée, un système perfectible, nous n'en doutons pas, mais tient pourtant à un radicalisme de principes dont il ne peut s'écarter sans cesser d'être.

La monarchie ne peut s'imaginer sans une aristocratie, quelle qu'en soit l'origine ou la nature, et l'aristocratie elle-même ne saurait être, sans des classifications diverses, des priviléges et les abus de toute sorte qui en découlent. Si l'on tient encore compte des entraînements, des influences, des débordements, des intrigues, des ambitions, de cette ceinture, enfin, qui étreint et entoure tout pouvoir personnel, on sera, sans peine, convaincu que nul gouvernement convient moins au mouvement actuel du progrès que le gouvernement monarchique.

La République, au contraire, est beaucoup plus en rapport avec les sentiments de la Société actuelle ; elle répond mieux à toutes les aspirations de notre raison, aspirations qui peuvent toutes se résumer dans ces deux mots : « *Égalité, Fraternité.* » Deux vertus qui auront leur règne, en dépit des obstacles qu'on pourra susciter à leur avènement, et qui nous font entrevoir déjà cet avenir où tous les hommes libres et égaux seront unis par des liens d'une étroite solidarité ; fraternité divine qui fera de la patrie une seule et grande famille, du monde entier une seule patrie.

Idéal de la constitution politique et sociale des peuples ; rêve, sans doute, dans l'état encore obscur des esprits, mais que le temps, cet éternel réalisateur des créations de l'intelligence, mettra quelque jour, bientôt, peut-être, en évidence. Que ceux qui sont toujours prêts à tourner en ridicule ces prédictions de l'avenir, jettent un regard sur le passé ; ils y verront, à chaque époque, la même foi dans la durée constante des traditions et des principes connus, la même incrédulité aveugle envers les conquêtes futures de la raison ; ils y verront chaque réforme prédite, successivement jugée absurde, irréalisable, impossible, et toujours pratiquée au bout d'un temps plus ou moins long.

Quelle erreur de constater les progrès successifs qui nous ont précédés et de nier ceux à accomplir par les générations futures ! Quel orgueil insensé de nous croire toujours à l'apogée de la civilisation, quand, en même temps, nous considérons l'état si imparfait encore de notre Société présente.

Je m'abstiendrai de faire ici l'apologie ou la critique de toutes les théories socialistes si souvent émises jusqu'ici. La même sollicitude s'étend-elle sur le pauvre et sur le riche ? La protection est-elle égale pour le puissant et pour le petit? N'existe-t-il pas encore une délimitation presque infranchissable entre la classe de l'aristocratie, qu'elle soit de naissance, de fortune ou de hiérarchie, et celle du peuple qui ne doit qu'à des circonstances extraordinaires la faveur d'arriver là où la première a sa place naturelle?

Le *Bien* n'est donc pas dans le maintien absolu des principes établis; il serait d'ans l'amélioration des institutions qui contribuent le plus à perpétuer cette inégalité funeste, dans le perfectionnement de celles qui ont déjà commencé l'œuvre de réparation.

Le Bien est dans les efforts des progressistes vers une société réellement meilleure, en dépit de ce que peuvent dire leurs adversaires. Le mal n'est que dans les violences qu'ils commettent dans la poursuite de leur tâche.

Sans cesser de réprouver les actes criminels accomplis, trop souvent hélas ! par les hommes d'opinions extrêmes, nous ne pouvons cependant nous empêcher de voir, dans la conduite des uns, sinon la justification, du moins, la raison d'être de la violence des autres. Est-il possible, en effet, que le parti réactionnaire s'obstine à entraver le cours du progrès, à ne faire aucune concession aux volontés si évidentes du pays, sans exciter des colères de la part de ceux qui veulent énergiquement et quand même aller de l'avant.

Dans ce travail de deux forces agissant vers des buts identiquement opposés, quelle que soit celle des deux qui devienne dominatrice, il n'en peut résulter qu'un préjudice pour la société.

Différent dans ses effets, le mal, dans les deux cas, n'en est ni moins certain ni moins grand. Plus latent quand le parti de la monarchie domine, froissant moins les habitudes et le besoin de repos du grand nombre, flattant davantage les petites ambitions de plusieurs, il trouve plus aisément grâce devant l'opinion publique; tandis que dans l'autre cas, la prédominance ne pouvant avoir lieu sans un effort vigoureux, un choc violent, il en résulte pour la société un trouble momentané que les partisans de la réaction ne manquent pas de dénoncer comme anti-social, et dont ils font un spectre rouge aux yeux de la multitude des faibles et des ignorants.

Sans doute, le brusque renversement de toutes les choses établies ne peut avoir lieu sans un préjudice immense à des intérêts de toute sorte, mais alors qu'on cesse donc d'opposer une résistance si opiniâtre à la marche progressive et toujours trop lente des idées libérales.

Que les éternels préconisateurs de l'ordre et de la paix ouvrent une bonne fois les yeux sur ce grand mouvement d'idées qui s'opère autour d'eux, qu'ils comprennent quel doit être leur rôle dans cette Révolution qui se prépare, et fassent enfin, au profit de tous et d'eux-mêmes, abnégation d'une partie de leurs préjugés.

Ils pourraient avoir leur mission providentielle et

servir à empêcher d'aller trop vite ceux qu'ils ne cherchent, hélas ! qu'à faire retourner en arrière, mais, point; à aucun prix, ils ne veulent démordre de leurs principes; ils veulent tout imposer, tout ramener au niveau de leurs idées, tout rabaisser à la hauteur de leur égoïsme et de leur ambition; ils ne veulent rien accorder, et nient même aux autres le droit de demander.

Ils ont la majorité du pays, disent-ils; ils ont pour eux l'opinion générale. Peut-être doivent-ils à la crainte, à l'ignorance, à la cupidité une majorité numérique; mais ont-ils pour eux le bon droit, ont-ils la raison, ont-ils la justice? Ont-ils enfin la majorité intelligente du pays? Non, sérieusement non. Nous faisons, hélas! école en fait de suffrage universel, et cette anomalie présentée par le pays votant une *Assemblée nationale* monarchique, quand, dans les élections municipales, il affichait ses tendances républicaines, n'est-elle pas pour nous pleine d'enseignements?...

Ignorance, indifférence, crainte, entraînement, tels sont les titres qui servent de raison à cette majorité par eux si pompeusement invoquée.

Qu'ils cessent donc de combattre à outrance les légitimes aspirations de la démocratie, et tous les progrès, tous les perfectionnements s'accompliront sans qu'il en résulte de secousse préjudiciable au bon ordre de la société.

En vérité, le temps est venu de faire mieux que de se plaindre de certains maux. Combattre le mal quand il est évident, est encore bien; guérir une plaie quand elle existe, est un incontestable bienfait; mais n'est-il pas mille fois préférable de chercher à éviter le mal en faisant disparaître les vices qui en sont la cause ?

Les réformes pour lesquelles combat la démocratie sont d'accord avec la morale et la justice. Il n'est personne qui, au fond du cœur, ne reconnaisse la vérité des principes républicains et l'excellence des doctrines démocratiques; il n'est presque personne qui n'ait eu parfois à souffrir de l'inégalité existant dans la vie sociale, ou qui n'en ait, au moins, constaté souvent les funestes effets chez d'autres.

La démocratie a pour principe la *charité*, pour but le nivellement de toutes les classes, l'égalité de tous les citoyens, c'est-à-dire l'élévation du petit au puissant, la disparition du monopole, de quelque nature qu'il soit, au profit du mérite et du travail, l'amélioration du sort de l'ouvrier, en un mot, une plus grande somme de biens pour l'immense majorité qui travaille, et une moins grande, mais plus morale et plus juste répartition pour ceux que· le sort a placés à la puissance ou à la richesse.

Or, sous plus d'un rapport, les aspirations sociales marchent de pair avec les besoins politiques. L'égalité, par exemple, ne sera jamais qu'un mot tant que subsisteront ces hiérarchies administratives, ces aristocraties de capital ou de fonctionnarisme d'où proviennent les centralisations de pouvoir, de considération et de fortune.

Qu'on laisse donc la démocratie poursuivre avec ardeur la réalisation de son programme; qu'on n'op-

pose de retenue qu'à sa marche quelquefois trop pré-
cipitée, et de résistance qu'à ses exagérations.

Dans le temps de divisions, d'erreurs et de passions
où nous vivons, il est peut-être difficile de préciser
au juste la limite où doivent s'arrêter les prétentions
des uns et commencer les résistances des autres. Mais
il est une maxime dont, à aucun prix, il ne nous faut
départir, la « Modération; » car, nous le répétons,
dans la lutte, les violences sont solidaires les unes
des autres.

Plus que tout autre parti, la Commune a été ex-
trême dans ses opinions et surtout dans ses actes.
A cet égard, elle n'a droit qu'à notre blâme, comme
ses crimes de la fin ne méritent que notre réprobation. Mais gardons-nous de nous laisser entraîner par
des sentiments de haine, et surtout faisons deux
parts dans notre jugement sur la Commune, l'une
pour les hommes qui ont trempé leur conscience
dans des crimes atroces, l'autre pour ceux qui n'ont
fait que souscrire à une tentative de révolution politique et sociale. En un mot, discernons les principes de ceux qui les ont soutenus, et que les fautes,
ou même les crimes, résultat des exagérations d'un
parti, ne nous fassent point nous rejeter en aveugles
vers un parti opposé.

S'il y a souvent manque de sagesse, exaltation et
violence chez les uns, il y a aussi, souvent, manque de
bonne foi, égoïsme et ignorance chez les autres; le
mensonge et la surexcitation se faufilent partout.

Enfin, maintenant que la justice a fini de frapper
de ses arrêts les vrais coupables, les criminels, les

seuls ennemis de la société et de l'ordre, ne soyons pas plus sévères qu'elle et cessons de voir dans ceux que les conseils de guerre, eux-mêmes, ont absous, autre chose que des vaincus politiques.

Réprouvons désormais toutes les idées qui tenteraient de s'écarter de la pure modération, mais ne confondons pas la sagesse avec la crainte, la prudence avec l'ignorant préjugé et mêlons, dans un même sentiment de défiance, les exagérations de tous les partis.

Lequel a le plus raison du partisan, quand même, de la monarchie qui, se posant en tuteur de la société, décrète la minorité intellectuelle du pays et soutient qu'il faut un maître à un peuple incapable de se conduire lui-même, ou du démagogue qui ne peut supporter l'idée d'une supériorité quelconque? Ils sont aussi utopistes l'un que l'autre.

Utopistes de la légitimité, réactionnaires égoïstes, vous vous appuyez sur le passé, sur les faiblesses et sur les passions humaines, vous montrez le mal, et, indiquant les fautes et les crimes commis par l'égarement de quelques-uns, vous en concluez que le pays que le monde même n'est pas apte à bénéficier des bienfaits d'institutions trop parfaites.

Vous avez raison quand vous hochez la tête en regardant dédaigneusement ceux que vous appelez des fous et qui s'en vont audacieusement en avant, plantant, bien trop loin, peut-être, les jalons d'une société meilleure, d'une civilisation plus accomplie; mais stupidement fous, vous-mêmes, qui mettez, pour revenir en arrière, la même ardeur que les autres pour aller en avant.

Vieillards caducs de l'idée, centenaires de la raison, pourquoi seriez-vous meilleurs que vos antagonistes et sur quoi repose votre sagesse?

En vérité, vous n'êtes ni meilleurs ni plus sages; et, quand vous montrez avec indignation les exaltés de la démocratie, quand vous appelez sur leurs têtes la haine et l'horreur de tous, vous ne considérez pas ce que vous êtes vous-mêmes et vous oubliez qu'en suivant votre manière de juger, on pourrait faire endosser à la monarchie cent fois plus d'atrocités.

Utopistes de la démocratie, réalisateurs impuissants de progrès instantanés, vous ne comptez pas assez avec le présent, vous ne voulez pas comprendre quelle part il vous faut faire aux misérables faiblesses et à toutes les petites passions des hommes. Vous ne voyez que le but et croyez qu'on peut sauter par-dessus toutes les difficultés et, d'un seul coup, faire une société parfaite d'une société si pleine d'imperfections.

Ardents prosélytes du progrès et de la raison, vous fermez les yeux pour ne pas voir l'innombrable cortége de vices à faire disparaître avant de songer à l'établissement sérieux et durable d'institutions qui ne sauraient être sans la vertu, la sagesse et un certain degré d'élévation dans le caractère du peuple.

Faibles par le nombre, car vous êtes la minorité, vous vous lancez, tête baissée, sur vos adversaires, et croyez qu'il suffit d'attaquer pour vaincre. Rêveurs insensés, vous voulez renverser sans vous préoccuper des bases et des éléments qu'il vous faut pour fonder et élever, d'après vos théories, un nouvel édifice social.

Ceux-là ne comprennent que le passé qui ne peut plus être, et ceux-ci que l'avenir qui ne saurait être encore.

Que ces deux opinions extrêmes se rapprochent donc, et, si peu que ce soit, ce sera toujours au profit du progrès et au plus grand bien du pays.

Ayons tous de la générosité dans l'âme, du courage dans le cœur; oublions, une bonne fois, toutes nos haines de parti, et, dans un but commun, la régénération, le salut même de notre patrie, la reconquête de notre grandeur et de notre gloire extérieures, unissons-nous tous autour du même drapeau, celui de la modération, de la raison et de la justice.

Là est le bien; là seulement est le salut.

F. V.

13 novembre 1871.

Paris. — Imp. Balitout, Questroy et C°, 7, rue Baillif.